DU JOURNALISME,

A PROPOS DE LA BROCHURE INTITULÉE :

DE

L'ENSEIGNEMENT DU DROIT PUBLIC EN FRANCE,

DE M. BELLIN,

MEMBRE DE LA SOCIÉTÉ LITTÉRAIRE,

Par M. J. Morin,

son collègue, ex-journaliste.

———

I.

Je vous remercie, mon cher collègue, de l'occasion que vous m'avez fournie d'exprimer, avec cette liberté amicale dont nous faisons profession entre nous, des pensées qui me tourmentaient depuis longtemps. Témoin des accusations si nombreuses qui s'élèvent contre la presse périodique dont, à une époque de ma vie, j'ai été l'un des athlètes actifs, puis-je ne prêter aucune attention à des attaques qui regardent nécessairement le jugement à porter par autrui et par moi-même sur mon passé ? Que

1

répondrai-je si quelqu'un me dit comme la servante de Pilate à Pierre : Vous aussi vous étiez de ces gens-là ? Et puis-je oublier que si j'ai encouru jadis, pour la défense de la liberté d'écrire, la haine de quelques-uns et quelques périls personnels, j'ai aussi obtenu des témoignages précieux de l'approbation du plus grand nombre ? J'ai donc été amené par cette position à rechercher si ces suffrages, accordés bien plus à la cause qu'à la personne, sont l'erreur d'autrui encourageant ma propre erreur ? Si je dois les désavouer et me désavouer, en un mot, si ceux dont ils émanent et moi-même avons à nous repentir, eux de la récompense et moi de l'action ?

Amené à faire cet examen, je me félicite que l'appréciation si modérée de forme, que vous avez faite du journalisme dans l'ouvrage lu à nos collègues, m'autorise à traiter la même question au sein d'une assemblée comme celle-ci, où elle ne peut être discutée que sous le point de vue général et philosophique. Ces collègues qui nous écoutent n'ont pas besoin que je les avertisse combien je suis pénétré des convenances qui me sont ici imposées, et ces convenances, je ne les subis pas comme des restrictions fâcheuses ; au contraire, j'estime qu'en m'élevant au-dessus des luttes éphémères de nos partis politiques, elles donneront à mon discours plus de force aussi bien que plus de dignité.

II.

Il n'y a pas de question qui ait été plus souvent agitée que celle de la liberté de la presse et sur laquelle un plus grand nombre d'esprits, si divers d'ailleurs, soient demeu-

rés d'accord. Là sont venus se donner la main les Chateaubriand, les Royer-Collard, les Benjamin-Constant, les de
Broglie, les Guizot, les Villemain et toute la génération de
jeunes écrivains qu'ils ont formée et toutes leurs écoles politiques ou philosophiques. Tant d'efforts si glorieux d'élo-
quence, de persévérance et de courage ont porté leurs fruits.
Une conviction ardente, invincible, s'est emparée de la société. Elle a réclamé la liberté de la presse comme la condition
de son développement et de son existence morale. Ce que
la société a voulu, elle a fini par l'obtenir, et aujourd'hui
la liberté de la presse est inscrite parmi les clauses fon-
damentales et inviolables du pacte imposé aux pouvoirs pu-
blics ; bien plus, à mesure que la marche des évènements
et des luttes politiques a amené d'autres catégories de
vaincus, elle a aussi produit en faveur de la presse d'autres
partisans, jadis ses adversaires, en sorte qu'il n'y a aujourd'hui aucune opinion considérable qui ne soit pro-
noncée ou qui ne se prononce ardemment pour elle.

Ne semble-t-il pas qu'il est parfaitement inutile de reve-
nir sur une question épuisée et de discuter philosophiquement un principe admis et passé dans les faits irrévo-
cables ? Eh ! bien, il faut le dire. Il semble qu'il se fasse
dans la société un travail contraire et qu'il se manifeste
dans un certain nombre d'esprits, je ne dis pas encore du
repentir, mais de l'hésitation et du doute sur l'utilité de
ce qui a été réclamé naguères avec tant de persistance.
L'esprit humain est-il condamné à rouler dans un cercle
étroit d'idées et en serait-il des opinions qui tour-à-tour
s'emparent de la société comme des modes dont la pré-
tendue nouveauté n'est que le retour d'un usage oublié ?
Si cela était, il faudrait bien le reconnaître, la croyance au
progrès serait une erreur. Elle serait elle-même une de

ces idées qui ont leur jour pour naître, croître, mourir et renaître encore. Heureusement que la mobilité des opinions ne peut être admise comme une preuve destructive de la doctrine du progrès, si l'on réfléchit que cette loi du monde suppose nécessairement une lutte constante dans son sein entre le passé et l'avenir; lutte où la marche providentielle de l'humanité a d'avance assigné la victoire, mais où le vaincu ne se retire jamais sans combattre. Chaque fait social porte l'empreinte de ces deux puissances, l'une qui cherche à envahir, l'autre qui tend à conserver. Telle est même la nécessité de cette succession lente et graduelle, que si quelque commotion extraordinaire a lancé l'esprit humain dans une espace où cette continuité de transactions paraît interrompue, alors le passé s'arme de nouvelles forces; il saisit les opinions étonnées, inquiètes, effrayées, les ramène à soi et regagne souvent une portion de ce qu'il a perdu. Dans ces réactions, des vérités qui semblaient acquises à l'humanité se voient de nouveau niées; les principes qu'on ne croyait plus contestables sont cependant ouvertement attaqués, en sorte que les esprits troublés ne savent plus si la tendance de tout un siècle, si les efforts de deux générations ne sont pas choses vaines, stériles, de pures illusions.

Nous sommes, je le crois, dans une de ces époques que je viens de décrire et cependant je crains de trop affirmer. Car je me rassure en voyant à la tête de notre organisation sociale des hommes qui, ayant présidé par la seule puissance du talent au mouvement spirituel de notre âge, doivent, quelque position qu'ils aient prise dans les luttes récentes, défendre leur ouvrage. Ils y sont engagés par leur passé, intéressés par leur gloire. Bien plus, je suis convaincu que de toutes parts les intentions sont pures et que les cœurs sont encore animés d'un amour sincère de la liberté ; qu'il ne faut pas s'en prendre aux personnes, soit dans le gouvernement, soit hors du gouvernement, mais à l'influence sous laquelle elles sont toutes, à cette irritation des esprits causée par des faits malheureusement trop réels, mais qui aveugle comme toute colère, prend le signe révélateur du mal pour le mal lui-même. Mais enfin cette irritation déraisonnable, à mon avis, existe. Elle réagit des citoyens au pouvoir. Elle se résume dans une défaveur marquée, dans des accusations journalières contre la liberté de la presse représentée comme complice de tous les désordres sociaux, de tous les crimes les plus odieux qui révoltent le jugement public.

Or, quelle est la portée de ceci ? Si l'on se contente, sans conclure, de mettre le journalisme sur la sellette, à quoi bon ? si ce n'est à discréditer notre loi fondamentale, dont toutes les parties sont solidaires ? Il y a certainement un très grand danger à l'attaquer dans les points favorables à la liberté ; c'est autoriser et provoquer des attaques sur les points favorables au pouvoir. Mais si l'on tire la conclusion, fait-on bien attention qu'elle aboutit directement à une révolution ? La liberté complète de la presse est, en effet, non seulement hors du mandat, mais au dessus du mandat donné au gouvernement et aux chambres. Il est inconstestable que les trois branches de l'autorité législative ne pourraient, réunies et d'accord, porter une loi de censure. Un tel acte (hypothèse d'ailleurs absurde) n'obligerait pas valablement les citoyens. S'il venait à réussir, ce serait contre le droit et par la force. J'ai donc raison de dire que ce succès serait une révolution, et la pire de toutes, une révolution contre la liberté. Je sais bien qu'on ne s'avoue pas cette conséquence ; mais elle est

au bout des déclamations contre la presse. Eh! bien, dans
de telles circonstances, c'est une bonne action que d'appeler de l'opinion troublée et blessée à l'opinion redeve-
nue calme et saine, et d'essayer de mettre un terme à un
mouvement contre nature, qui pourrait entraîner le pré-
sent à des mesures dangereuses, mais qui certainement
serait suivi, dans un court avenir, d'une réaction terrible.

III.

Comme il est dans la nature de l'homme de sentir bien
plus vivement le mal que le bien, il n'est pas étonnant que
jouissant de la liberté de la presse, comme d'une conquête
ardemment désirée, nous soyons maintenant plus frappés
de ses abus que de ses avantages. Ce qu'on ne peut admettre, c'est que les esprits philosophiques qui l'ont préparée
et les esprits politiques qui l'ont fait passer dans nos
lois, que tant d'hommes, dis-je, si éclairés et si prévoyants,
se soient grossièrement trompés en enchaînant la société à
jamais, sans relâche, à un principe dissolvant de toute loi,
de tout pouvoir, de toute réputation.

Quoi! la liberté, c'est-à-dire, l'usage sans empêchement,
soumis à l'empire de chaque volonté et un usage toujours
éclairé et prudent!

Quoi! l'instrument le plus rapide de toute propagation
mis à la disposition de toute idée, et il n'y aura que les idées
justes et utiles qui en profiteront!

Quoi! une arme pour toutes les passions et les passions
nobles et genéreuses s'en serviront seules!

Non, comme toutes les facultés de l'homme, celle-ci
devait servir et pour le bien et pour le mal; mais comme

toutes les facultés aussi, celle-ci ne pouvait être interdite sans tyrannie. Considérée quant aux individus, elle est pour eux un droit ; ils répondent de son usage, mais ils en doivent jouir. Considérée vis-à-vis de la société, elle est un des éléments de sa vie. Or, la vie en toute chose humaine se compose de bien et de mal ; prétendre extirper le mal, c'est détruire la vie.

Les nouveaux accusateurs de la presse périodique en parlent comme si elle était un être moral, qui délibère, se détermine et agit, et pour exprimer cette solidarité, on a inventé le mot *Journalisme*. Il est vrai qu'on avait d'abord parlé avec la même impropriété de langage des bienfaits du journalisme, de la puissance du journalisme, comme maintenant on signale les crimes du journalisme. On en avait fait le roi de la société ; maintenant on le détrône, on le poursuit, on le juge comme un tyran. Eh ! bien, ce n'est ni un roi, ni un tyran, pas même un être moral, un être de raison ; car pour cela, il faudrait qu'il y eut union et société entre tous les hommes qui usent de la presse périodique. Au contraire, il s'en faut tant qu'ils aient les mêmes idées et les mêmes intérêts, qu'ils n'emploient l'instrument qui appartient à tout le monde, que pour se livrer entr'eux des combats dans le domaine de l'opinion et de l'intelligence? Comment répondraient-ils donc les uns pour les autres? Comment surtout l'instrument répondrait-il, lui aveugle, de l'usage si divers qu'on en fait!

Ainsi la presse n'est pas un pouvoir public; son usage n'est qu'un mode de manifestation de l'individu, qu'un développement de sa puissance personnelle. La liberté de la presse n'existe qu'à la condition de servir à tous. Ainsi, il faut s'attendre en l'admettant, qu'il ne s'élèvera pas dans la société une croyance, un parti, un intérêt, une idée, qu'elle ne lui serve de véhicule, d'arme offensive ou défensive. Elle sera employée à l'aide du mensonge comme de la vérité, de la folie comme de la raison. Mais si à la fin la vérité doit l'emporter sur le mensonge, la justice sur l'iniquité, le droit sur l'oppression, la libre manifestation de la pensée aura hâté le jour du triomphe ; car elle aura mis la raison publique à portée de se prononcer plutôt et avec plus de certitude.

Telle est la pensée qui animait ces hautes intelligences dont les efforts nous ont conquis la liberté. Elles ont cru à la raison publique, c'est-à-dire, à la loi de perfectibilité, c'est-à-dire encore, à l'ordre constitutionnel qui est l'organisation des pouvoirs sociaux suivant le principe de perfectibilité. Enfin, elles ont consacré la liberté de la presse comme la conséquence rigoureuse et nécessaire de tout cela.

Voici, en effet, ce qu'il faut nier pour soutenir logiquement que les inconvénients de la presse libre en surpassent les avantages : il faut poser en prémisse que la société humaine est telle par sa nature que dans le contact des idées et des sentiments, ce n'est pas le plus juste et le meilleur qui doit prévaloir ; c'est-à-dire qu'il faut nier la prédominance du jugement public sur le jugement individuel, la raison générale, la conscience du genre humain, en un mot, tout ce que les moralistes ont jusqu'ici regardé comme un des caractères apparents de la vérité.

Si l'on veut qu'il en soit ainsi, je concèderai volontiers que, dans cette hypothèse, tout ce qui ajoute au mouvement expansif des intelligences est plutôt un mal qu'un bien, puisqu'il y a plus de probabilités qu'une idée communiquée soit une erreur qu'une vérité. Mais voyez donc où vous vous arrêterez sur cette route. D'instrument en instrument, ne faudra-t-il pas proscrire tous ceux qui tendent au même résultat, sans qu'on puisse logiquement distinguer entre le plus et le moins. De l'usage de la presse, on arrivera, par une déduction nécessaire, à toute autre voie de communication de la pensée, même à la parole ; car il y a absolument les mêmes choses à en dire que de la presse. C'est aussi ce qu'il y a de meilleur et ce qu'il y a de pire ; un moyen aussi puissant pour le mal que pour le bien. Toutes les facultés de l'homme s'enchaînent et dérivent les unes des autres, celles qu'il tient directement de la nature et celles qu'il acquiert par l'industrie. Elles font partie de son moi et les retrancher successivement, c'est retrancher successivement les parties de son être, jusqu'à ce qu'enfin il ne reste qu'un amas de matière, qu'un cadavre.

IV.

Heureusement que la nature de l'homme résiste à ces mutilations de son activité, et que sa liberté lutte, malgré toutes les entraves, pour établir son influence et sur le monde physique et sur le monde moral. Si l'on voulait, par exemple, le priver de sa puissance d'action par la parole, on rencontrerait tout de suite une impossibilité si grande, que cette tentative serait une folie évidente. Eh ! bien, je ne crois pas qu'il fut plus sage et plus réellement praticable de lui interdire son mode d'action par la presse.

C'est une véritable révélation que ces grandes découvertes qui viennent, chacune à son moment, dans la marche des siècles, multiplier les forces intellectuelles de l'homme, et influer ainsi sur les destinées de l'humanité, son esprit, sa marche, ses formes d'association et ses lois.

Or, qu'est-ce, je le demande que ces découvertes mé-
caniques dont nous sommes si fiers, auprès de l'imprimerie ?

La mécanique multiplie les forces brutes, l'imprimerie
multiplie les idées. Sans l'idée, la force n'est rien. C'est l'i-
dée qui véritablement dompte la nature et la met au service de l'homme.

La mécanique multiplie par cent et par mille, l'imprimerie par l'infini ; car pour mesurer son effet, il faudrait
trouver le produit de sa puissance actuelle par chacun des
instants de l'avenir.

L'imprimerie a été dans la succession naturelle des choses
et dans la volonté de Dieu, la première de ces découvertes qui, à partir du quinzième siècle, lancent l'humanité
dans une ère nouvelle ; car elle les contient toutes et les
suppose toutes dans l'ordre moral, l'ordre social et l'ordre
industriel.

Tout, jusqu'à l'époque de cette découverte, indique sa
mission providentielle.

Elle avait échappé à l'antiquité, si active, si éclairée, et
dont la civilisation était si avancée à certains égards. C'est
que, dans le monde ancien, manquait la condition sans laquelle le progrès réel ne pouvait s'établir par le seul travail de l'humanité. La puissance du droit individuel, la
valeur morale de l'homme y était inconnue : à quoi eut
servi une découverte destinée par la providence à faire
fructifier un principe encore enfoui ? Du moment où la
semence divine est jetée, où s'opère la réhabilitation du
genre humain, du moment, en un mot, où s'ouvre l'ère
chrétienne, de longs siècles s'écoulent encore. Les premiers
virent la lente et successive transformation du monde
payen ; vient ensuite l'irruption de la barbarie, le mé-

lange et la superposition des peuples et des races, l'établissement féodal, faits sans doute providentiels qui font
table rase pour une civilisation nouvelle, mais où tout est
violence et force extérieure. Enfin, le monde s'est assis, les
races se sont unies et confondues; alors commence pour
l'humanité cette ère d'activité spontanée, à l'aide de laquelle elle doit elle-même marcher à sa destinée, par le
développement de sa nature et du germe implanté dans
son sein depuis le christianisme. Alors aussi apparaît l'instrument nouveau, à l'aide duquel les intelligences sont si
puissamment rattachées, instrument qui relie librement les
consciences individuelles à la conscience générale, en éta-
blissant de continuels rapports et une légitime influence des
unes à l'autre.

Or, Dieu ayant voulu que l'humanité fît une telle conquête, ayant véritablement donné à l'imprimerie une mission providentielle dans le monde, ne fallait-il pas que ce
nouvel agent marchât et accomplît sa tâche, sans que rien
pût l'arrêter?

Depuis la découverte de l'imprimerie, la circulation
merveilleuse de la pensée a été quelquefois encouragée,
souvent simplement tolérée, mais le plus souvent persé-
cutée. Les cachots, le fer et le feu contre les écrivains et les
imprimeurs, le marteau destructeur contre les presses, des
armées de douaniers contre les livres, rien n'a pu y faire.
Il se trouvait toujours un coin libre de l'Europe, où la
pensée se moulait en caractères et de là se glissait à travers
les obstacles, partout où il y avait des intelligences à saisir.

Les doctrines ont accompli leur destinée; elles se sont
levées, produites, examinées, combattues, mêlées aux agi-
tations et aux guerres. Chacune est venue, chacune est

morte en son jour, mais après avoir laissé comme des traces de son passage sur la terre, des abus détruits, des lumières acquises et l'humanité toujours plus avancée.

Chacune aussi a eu son théâtre. Quelle est la terre qui n'a pas en cela porté ses fruits distincts, et payé son tribut au monde des intelligences?

V.

Il faut pourtant que la liberté dans les communications de la pensée par la presse, qui est, comme je l'ai dit, une extension du moi, s'allie avec les conditions néccesssires de l'association. Autrement, il y aurait une contradiction choquante. Le besoin de se constituer en sociétés résulte aussi du développement du moi; de plus, celui d'agir, par l'idée, sur les intelligences suppose un certain état de civilisation, des formes d'association ayant déjà un certain degré de perfection. Il faut donc que ces deux choses puissent se concilier.

Or, il n'y a logiquement que deux opinions sur les formes des associations humaines qui peuvent rejeter la liberté de la presse.

Suivant la première, l'homme est un être livré par sa nature à un égoïsme sans contre-poids. Il n'y a qu'une force extérieure qui soit capable d'empêcher les effets violents de cet égoïsme, c'est la société; et la société n'a elle-même qu'un lien possible, l'autorité absolue du prince. L'individu s'absorbe dans l'état et l'état dans le prince. Celui-ci, à la vérité, n'est pas d'une nature meilleure que les autres hommes; mais son intérêt, à lui, est de conserver des sujets qui sont sa propriété, dont le travail grossit ses trésors, et dont le sang alimente sa gloire. Par là se maintient dans la société une sorte de paix, la seule possible parmi les hommes.

On conçoit qu'avec une telle base de l'ordre social, il n'y a pas de droits individuels, de garanties, de liberté de la conscience et de la pensée, par conséquent pas de droit d'examen. Les doctrines, comme tout le reste, appartiennent à l'état et au prince.

Cette catégorie ne comprend pas seulement le despotisme d'un souverain unique, mais aussi toutes les sortes de gouvernement absolu où, vis-à-vis de l'état, il n'y a point de droits individuels, même la dictature populaire et démagogique.

D'après la seconde opinion, l'homme est aussi placé sous une loi extérieure à lui-même, extérieure même au prince et à l'état. C'est le catholicisme en qui naissent, vivent et meurent l'individu, l'état, le prince, tous sujets au même maître et à la même règle, tous ne pouvant agir dans leurs sphères, qu'en reconnaissant la suprématie qui les domine et les juge, arbitre nécessaire non seulement entre les divers états, mais encore entre les sujets et le prince d'un même état. On sent bien que je ne parle pas ici du catholicisme comme fait de conscience, et doctrine spirituelle, mais bien comme transporté hors de sa sphère dans la constitution et la forme sociales, comme gouvernement, comme théocratie. Ici encore, point de liberté d'examen. Les doctrines sont dans le domaine absolu de l'Eglise qui les choisit, les proclame et les impose. Le prince n'est armé du glaive que pour les faire triompher.

Ce que je viens de dire, c'est l'idéal du despotisme et de la théocratie. Sans doute, l'un n'a jamais existé complètement, pas même sous Louis XIV, ni l'autre dans toute sa

pureté, pas même sous Grégoire VII. Tantôt ces deux formes sociales se sont mutuellement modifiées ou ont été
tempérées par quelque élément existant à côté d'elles dans
la société. Tantôt, elles se sont fait la guerre et l'on a vu
alors, ici le prince réveiller parmi ses sujets l'esprit d'examen contre l'Eglise, là, la théocratie prêcher des sentiments d'indépendance parmi les sujets d'un prince rebelle
à ses lois. Mais qu'importe cela pour ma conclusion? Ce
que j'affirme, c'est que la suppression de la liberté d'é-
crire est la conséquence logique de l'un de ces deux des-
potismes ; en cela point de terme moyen. S'il y a quelque
chose dans la société qui puisse avoir un droit à maintenir
contre l'état ou contre le prince, il faut à ce droit la plus
nécessaire des garanties, la faculté de se défendre, par la
parole, si l'on n'aime mieux lui accorder l'épée. Mais l'épée,
c'est l'arme du privilège ; elle était le droit des anciennes
franchises féodales. La parole, la presse, c'est l'arme de la
liberté moderne, de la liberté de tous. C'est le droit qui
sert à protéger et à défendre tous les droits.

VI.

Mais comme on peut très bien concevoir l'autorité religieuse autrement que la théocratie absolue, et l'autorité civile autrement que le pur despotisme, voyons donc comment la liberté de la presse peut se concilier avec ces deux
principes fondamentaux des sociétés humaines.

J'aborde tout de suite le point le plus difficile de ma
thèse. La religion c'est la vérité absolue, contre laquelle
tout ce qui se conçoit dans la pensée est une erreur, contre laquelle toute erreur soutenue avec persistance est un

crime. A part cette classe d'idées, toutes les autres vérités ne sont que relatives, c'est-à-dire que si l'assentiment de plusieurs intelligences sur un point doit prévaloir sur celui d'une raison individuelle, si tout un peuple sur quelques individus, si le genre humain tout entier sur un seul peuple, c'est par une présomption fondée sur ce fait, que l'erreur de plusieurs est moins possible que celle d'un seul, et celle de tous que celle de plusieurs, en sorte que l'assentiment de la conscience générale est le signe apparent de la vérité, dans l'ordre humain. Mais ce n'est toujours là qu'une présomption, quelque près de la vérité réelle qu'on la suppose, car il n'est pas absolument impossible que la raison d'un seul ou de quelques-uns ait bien jugé et que l'erreur soit du côté du plus grand nombre. C'est même sur ce fondement que les individus, tout obligés qu'ils sont par les décisions de la conscience générale, ont le droit et sont même soumis au devoir d'agir sur elle autant qu'ils le peuvent, et de porter leur part au faisceau de la lumière commune.

Mais la vérité religieuse existant par elle-même, et indépendamment de l'assentiment que les hommes peuvent lui accorder ou lui refuser, n'a rien à recevoir des raisons extérieures; elle leur commande et n'en subit pas les influences. Elle ne peut donc admettre une liberté qui existerait contre elle, et qui lui disputerait les consciences au profit de l'erreur.

Sans doute l'autorité religieuse est absolue et par cela même intolérante; elle ordonne ou elle défend, elle approuve ou elle condamne; elle promet des récompenses ou des peines, en vertu de son droit et au nom du ciel dont elle est l'interprète. Mais si nous ne la supposons pas théocratie, c'est-à-dire, n'étant plus seulement autorité reli-

gieuse, mais autorité civile et autorité religieuse confondues dans le même gouvernement, comment agit-elle?
Dispose-t-elle de la moindre parcelle du pouvoir matériel ?
Peut-elle empêcher un livre, une feuille imprimée, de se
répandre et de se propager ? Non, à moins d'emprunter
un autre pouvoir que le sien et alors où elle domine ce
pouvoir, et elle devient théocratie, ou elle en est dominée,
et alors elle subit elle-même une influence extérieure,
celle d'une autorité humaine et faillible. On a beau cher-
cher, il n'y a pour elle que deux positions dignes de sa
hauteur, dominer ou être libre. Dominer! elle en a fait
la tentative dans le moyen-âge et elle ne l'a pu qu'impar-
faitement. Etre libre! c'est sa seule condition possible dans
l'état des sociétés politiques, et il faut bien reconnaître
aussi que c'est sa condition providentielle, puisque celui
qui dispose des trônes et des dominations n'a pas voulu lui
donner la conquête matérielle du monde.

La religion libre n'est pas l'indifférence. C'est toujours
un empire entier, absolu, mais c'est un empire tout intérieur. La religion lutte contre l'individualité des consciences pour s'en saisir et se les soumettre, combat dans
lequel celles-ci, tant qu'elles ne sont pas domptées, se dé-
fendent avec toute l'indépendance du moi, du moi armé de
ses forces, et s'en servant pour réagir contre la doctrine
qui les attaque. Ainsi, l'emploi du raisonnement mis au
dehors par la parole et par la presse, n'est qu'un effet na-
turel de cette lutte. Si la religion a vaincu, c'est qu'elle a
convaincu, et les intelligences envers lesquelles elle ne l'a
pas fait sont en droit de résister. Je crois que cela est vrai
même religieusement ; car s'il y a crime, c'est de ne pas
croire ; mais ce fait admis, le reste n'en est qu'une conséquence et qu'une manifestation.

Entre l'état de la religion dominante et celui de la religion libre, il y en a, sans doute, un troisième, celui de la religion protégée. Mais la religion était protégée en Allemagne et en Angleterre, lorsque la réforme protestante y a éclaté avec tant de furie; elle était aussi protégée en France, le royaume très chrétien, lorsque la réforme philosophique en a fait le théâtre de ses conquêtes. On objectera que le protestantisme a été secondé par la défection des princes régnants en Allemagne et en Angleterre; qu'en France la philosophie du XVIIIe siècle s'est glissée au milieu des divisions de l'Eglise, de l'opposition des parlements, et a été favorisée par la connivence des grands et la corruption de la cour. Mais, enfin, est-ce que la presse était libre à ces époques? Et si l'on veut que les puissances temporelles soient armées du glaive pour défendre la foi, ce même glaive ne servira-t-il pas à la persécuter quand l'erreur se sera assise dans les conseils des princes? Après un Constantin, ne viendra-t-il pas un Constance suivi d'un Julien l'Apostat? Si l'Eglise s'appuie sur l'épée d'un Théodose-le-Grand, elle a aussi à gémir du fanatisme hérétique d'un Valens. Mais dans l'état actuel du monde, où donc aujourd'hui chercherait-elle cet appui extérieur? Les princes les plus puissants sont schismatiques ou hérétiques. Dans les autres états règne l'ordre constitutionnel qui a pour premier principe la liberté de conscience. A peine peut-on citer en Europe un ou deux monarques absolus professant et protégeant la religion catholique, et encore se piquent-ils d'indépendance vis-à-vis de la cour de Rome. Cette cour ressent comme un lourd fardeau et un danger menaçant la protection du plus puissant de ces monarques. Qui oserait assurer que les dominateurs de l'Italie ne se brouilleront pas dans un délai plus ou

2

moins rapproché, avec l'Eglise et la papauté ? Quel appui que celui qui dépend de l'inconstance et des passions de quelques hommes !

Le principe des pays constitutionnels est celui-ci : que les agrégations politiques sont composées d'hommes associés non pour professer en commun tel culte, mais pour se garantir et se protéger mutuellement dans la jouissance de leurs droits, dont le premier est l'indépendance de la conscience, la plus précieuse, sans contredit, des propriétés attachées à la personnalité. Or, je dis que cet état de la société est éminemment le plus favorable à la propagation de la vérité religieuse, parce qu'il fait dépendre la foi de sa force propre et immuable, et non d'une force extérieure et accidentelle. S'il ne protège pas la religion, en tant que religion, il la protège dans sa liberté d'exister et de se communiquer par la parole et la presse ; il la défend comme droit des citoyens contre tout trouble et attaque violente. Il fait que sa vérité triomphe des sophismes et sa sainteté des blasphèmes. Enfin, il lui permet de s'unir par sa puissance civilisatrice, et sans usurpation dans les pouvoirs, à tous les progrès sociaux, à pénétrer par la morale dans les lois, par l'amour des hommes dans les institutions, à féconder l'égalité par la charité. Le principe de liberté est universel comme la religion elle-même. Il permet de réclamer sans inconséquence le même droit à Dublin, à Varsovie, à Bruxelles, à Berlin. Enfin, à en juger par les faits, nous voyons que si le vieux régime de restriction n'a prévenu ni arrêté le protestantisme du seizième siècle et l'athéisme du dix-huitième, la religion se glorifie avec vérité d'avoir fait de nouvelles conquêtes et étendu son empire spirituel, depuis la consolidation en France du régime constitutionnel.

VII.

La morale considérée comme l'idéal des mœurs qui doivent exister dans une société parfaite est immuable, puisqu'elle dérive de la raison absolue. Mais comme la réalité
s'éloigne toujours plus ou moins de cet idéal, chaque peuple peut avoir une morale plus ou moins bonne, une morale susceptible de progrès, et cet état constitue l'élément
le plus important de la civilisation.

C'est dans ce sens que je me demande si, en fait, la liberté de la presse a été parmi nous nuisible au progrès de
la morale.

Cela revient à demander si certaines vertus ont cessé
d'être estimées et si l'opinion de la société est devenue,
par le fait de la presse, indifférente ou favorable à certains
vices. Eh bien! si au lieu de voir les choses dans leur ensemble et leur résultat général, on n'examine encore que
les particularités, très certainement on se laissera effrayer
par l'active propagation de maximes fausses et immorales
dont la presse est l'instrument. Je vais plus loin. Comme
la vérité est le patrimoine commun, tandis que l'erreur est
le lot des individus, les plus grands génies, ceux qui ont ap-
porté par leurs écrits, à l'humanité, le tribut le plus fécond,
y ont aussi mêlé chacun sa part d'idées fausses. Je défie
qu'on cite un livre,—je parle d'un livre humain, bien en-
tendu,—dans lequel on ne trouve pas le coin de l'homme
peccable, fragile et passionné. S'il en est ainsi des hautes
intelligences et des âmes épurées qui ont exercé le rôle
d'instituteurs du monde, que dirons-nous de la foule des
écrivains qui ne se sont jamais proposé d'autre but que de

plaire? Et cependant avec cela, je nie que la presse en général soit corruptrice des mœurs. Toute émanation de l'intelligence, toute pensée mise au dehors s'adresse à la conscience publique qui la juge. Dans ce bouillonnement actif
des idées communiquées, dans ce travail des esprits, tout
ce qui est faux ou contraire à la nature morale de l'homme
est rejeté comme une écume impure; la société ne reçoit
que ce qui convient à ses progrès, tout ce qui ajoute quelque chose à la masse des vérités déjà admises par elle. La
littérature frivole elle-même ne peut parvenir à son but,
qui est de plaire, qu'avec le secours de l'art. Or, l'art
n'existe pas sans le rapprochement de l'idéal, c'est-à-dire
du type primitif qui est en nous, et le beau ne peut être jamais séparé complètement du bon.

Mon Dieu! qu'on ne dise pas que je fais ici l'apologie
des mauvais livres qui nous inondent! J'approuve fort les
pasteurs des âmes d'en condamner la lecture, et les instituteurs de la jeunesse de les écarter des mains de leurs élèves.
Quand ces livres ne feraient qu'ôter le goût des études sé-
rieuses et consumer le temps qu'on pourrait employer à de
meilleures lectures, ce serait assez. Mais j'ose presque dire
de la plupart de ces livres, qu'ils ne sont condamnables que
sous ce rapport, c'est-à-dire qu'en somme il y a encore,
du moins pour un grand nombre de personnes, plus de
profit à les lire qu'à ne rien lire du tout. Pour établir ceci,
je ferais, si j'en avais le loisir, l'analyse d'un roman quelconque d'un de nos auteurs en vogue, par exemple de
George Sand. J'y trouverais sans doute quantité de choses
fausses et dangereuses, mais aussi quantité de pensées vraies
et bien exprimées qui ont justifié le succès de l'auteur.
Après tout, dans ces choses là, le mal est relatif. Pour un
jeune homme de quinze ans, quelques scènes de Molière

sont obscènes et licencieuses; faudra-t-il proscrire Molière?
Pour la classe corrompue, nos plus mauvais romans n'ont
plus de mal à faire et ne peuvent plus que corriger. Sont-
ils pour cela des livres parfaits? Non, mais cela veut dire
qu'un livre bon pour les uns est mauvais pour les autres,
par conséquent que la seule censure qui puisse exister dans
ces matières, c'est la censure morale qui s'exerce sur la raison et la conscience.

VIII.

On conçoit que l'organisation sociale repose sur certaines bases nécessaires, parmi lesquelles les deux princi-
pales sont la propriété et la constitution de la famille.
Mais quoi! cette organisation est-elle chose si fragile qu'il
faille l'entourer d'une enceinte silencieuse à travers laquelle nul examen ne doit pénétrer? Y a-t-il donc à crain-
dre que des raisonnements réussissent à prouver à la société
qu'elle a tort d'exister, et qu'elle doit commencer par se
suicider, dans l'espoir de renaître plus belle? Quant à moi,
je pense que la société est trop solide sur ses bases pour
qu'elle ne résiste pas aux rénovateurs de toutes les sectes
qui portent aujourd'hui le nom commun de socialistes. Ces
utopistes ne sont pas plus dangereux que tous ceux qui
les ont précédés; mais ils ont plus de retentissement, précisément, il faut bien le dire, à cause de la liberté de la
presse qui sert de véhicule à toutes les idées et tient conti-
nuellement les intelligences en éveil sur le grand problème
du progrès de l'humanité. Peut-être aussi y a-t-il quelque
chose de particulier dans notre époque, qui attire l'attention sur les questions de cette nature. Je ne sais s'il est vrai
que nous soyons dans une ère de transition et d'enfante-

ment. Mais je suis convaincu qu'on ne déterminera jamais
la société à se transformer contrairement à sa nature, c'est-
à-dire, en substituant la propriété générale à la propriété
privée, et l'organisation par groupes nombreux à l'organisation par familles. L'active émulation des talents et des
travaux, les concurrences et les inégalités qui en résultent,
et la transmission par héritage des fruits acquis à l'individu par ces moyens, sont aussi des faits qui subsisteront
toujours, et contre lesquels il n'y aura jamais que des ten-
tatives isolées et de peu de durée.

S'il était vrai qu'on pût persuader à la société qu'elle
doit se refondre suivant les systèmes des socialistes, et que
le bon sens général n'y résistât pas, je dis qu'il n'y aurait
point de censure capable d'empêcher une telle idée de se
répandre, de germer dans les croyances et de se résoudre
en une grande révolution : il ne faut pas exagérer la puissance de la presse; la force qu'elle donne à une idée n'est
pas la sienne propre; c'est celle de l'idée reflétée dans
les intelligences. Mais, au défaut de l'instrument, vous ne
pouvez pas empêcher à l'idée elle-même d'exister, et de se
répandre par d'autres canaux, comme un courant d'eau
dont on intercepterait le lit se ferait jour par de nouvelles
issues. Y avait-il une presse libre, un journalisme libre au
seizième siècle, lors de la réforme protestante? Y en avait-
il au dix-huitième siècle, lors du travail des esprits qui a
préparé la révolution française?

Mais, en fait, les réformateurs socialistes n'ont point fait
de progrès. L'organisation saint-simonienne s'est dissoute;
le fouriérisme en est à quêter les moyens matériels de son
premier phalanstère; et tout cela malgré l'éloquent et
courageux apostolat d'une foule d'hommes qui se sont dé-
voués, avec des talents regrettables, au service de ces chi-

mères? Et pourtant ils sont venus dans une époque où tous les esprits étaient occupés des questions de cette nature! Ils ont en leurs mains le grand levier de la presse! Mais remarquons ce qu'il y a de plus général dans les divers systèmes de réforme sociale, ce qui est leur préface commune, et ce qui semble aussi faire une certaine impression sur les esprits, c'est la critique des imperfections nécessaires ou non de la force sociale actuelle; c'est la peinture plus ou moins exagérée, mais pourtant vraie en quelques points, des souffrances et de l'abaissement d'une portion de l'espèce humaine. Ils ont montré la plaie en apportant des remèdes inapplicables, mais enfin ils ont montré la plaie. Eh bien! qu'en faut-il conclure! C'est que si la meilleure organisation des hommes en société ne peut pourtant faire disparaître toutes les douleurs; que si l'inégalité relative qui résulte de la différence entre les capacités naturelles ou acquises, et de la différence entre les moyens ou les aptitudes de travail, si cette inégalité, dis-je, est chose nécessaire, comme dérivant de la nature de l'homme et des vues providentielles de Dieu, le devoir de la société est d'en atténuer les effets autant que possible. C'est là une question toujours ouverte, sur laquelle chacun a droit d'appeler une attention constante.

Ma persuasion est qu'à cet égard on ne doit rien demander d'efficace que la liberté qui protège chacun dans sa lutte individuelle contre le mal, et dans sa recherche du bien-être par l'emploi légitime de ses moyens. Mais puisqu'il y a des personnes qui se sont vantées d'avoir le remède direct et absolu contre le mal lui-même, si on les avait réduites au silence par la censure, elles auraient eu le droit de dire que c'était l'humanité elle-même qu'on voulait condamner à la souffrance. Et qui sait si la société

qui juge maintenant tous ces systèmes en connaissance de
cause, n'aurait pas cru être opprimée en la personne de
leurs auteurs, et n'aurait pas eu foi dans des affirmations
dont la justification eut été interdite par la force? Ce qui
est favorable à l'erreur, c'est la gène dans la propagation
de la pensée, par ce que cette gène est tout à la fois
inefficace à empêcher toute diffusion et cependant assez
puissante pour que cette communication ne soit pas complète et générale. Il en est de ceci comme des lois de douane
prohibitives, qui ne peuvent pas empêcher l'entrée en
contrebande, mais qui font qu'à la place d'un commerce
libre et honnête, il s'établit un commerce clandestin et
frauduleux. La demi puissance de propagation des idées,
qui résulte de la censure, livre aussi le monde aux opinions
de contrebande. Au contraire, la liberté remet aux majo-
rités et à la conscience générale, l'arbitrage et le jugement souverain de toutes les opinions qui se produisent
dans le monde.

IX.

Après la religion, la morale et les principes sociaux, ce
qu'il y a sans doute de plus important, c'est l'autorité politique, sanction de la forme et organe de la force sociale.
Voyons donc dans quels rapports peut exister l'autorité
avec la liberté de la presse, et s'il est vrai que celle-ci soit
une source ouverte d'anarchie, nécessairement fatale à tout
pouvoir.

Le jeu du régime constitutionnel est ceci: qu'il se forme,
par le travail des esprits, une opinion qui passe des électeurs au corps élu et de là dans le gouvernement. Ce n'est
pas la souveraineté tumultueuse des masses, principe mort

qui ne ressuscite que le jour d'une révolution ; c'est encore moins la domination d'une caste, d'un corps. C'est quelque chose qu'on ne peut ni mesurer, ni compter, qui existe en bas comme en haut, dans toutes les parties de la société, le résultat du jugement public. Les électeurs, placés dans le sein de la société, en sont les témoins, les arbitres, et c'est par eux que ce quelque chose d'abstrait, dans son origine, devient positif, fatal, irrésistible. Les électeurs ne tirent pas leurs droits d'eux-mêmes, comme un corps aristocratique; ils ne sont pas institués dans leur propre intérêt, mais pour rendre témoignage du droit de tous, et de l'intérêt de tous. En un mot, ils sont les jurés de cette opinion, de cette raison collective. Voilà pourquoi la bonté d'une loi électorale ne doit pas résulter de ce qu'elle appelle ou n'appelle pas tous les citoyens, moyen qui très certainement donnerait un résultat très faux, mais de ce qu'elle constitue le corps électoral de façon à représenter plus ou moins fidèlement la pensée nationale.

Or, en ceci, quel est le droit de l'individu? C'est de concourir, en toute liberté et par tous les moyens possibles, à former cette opinion, et d'agir sur elle, d'essayer de la modifier, et de faire adopter son jugement particulier. Telle est la cause pour laquelle le régime constitutionnel met la liberté de la presse en tête de tous les droits qu'il garantit aux citoyens. Ainsi, par la liberté de la presse, le citoyen peut faire prévaloir ce qu'il juge être le vrai, l'utile ; sa pensée une fois adoptée devient le jugement public, qui pénètre dans les pouvoirs et domine par la seule puissance morale. Otez ce droit, et vous n'avez plus qu'un gouvernement unipersonnel, si c'est la pensée d'un chef qui prévaut, ou un gouvernement d'aristocratie, si c'est un parlement. Maintenez-le, et vous aurez constitué la souveraineté de l'opinion, la seule démocratie raisonnable et possible dans les grandes sociétés politiques.

Il résulte de ceci qu'une des formes essentielles du gouvernement constitutionnel, est qu'il existe dans les pouvoirs une partie mobile suivant l'opinion triomphante et passée dans l'ordre des faits ; cette partie est celle qui administre et qui gouverne; c'est enfin le pouvoir ministériel. Elle représente donc le principe actif, mais aussi le principe variable, et voilà pourquoi c'est contre elle que se livrent tant de combats, dans le parlement et dans la presse ; dans le parlement, où l'opinion est déjà représentée, constituée sous la forme visible et numérable d'une majorité; dans la presse, instrument des efforts individuels qui ont pour but de modifier l'opinion et d'arriver par elle à la modification du système gouvernemental.

Telles sont les conditions du régime constitutionnel, dont je n'ai pas l'intention de faire ici l'apologie; cela me mènerait trop loin. En l'exposant, j'ai voulu seulement établir qu'il ne peut se séparer de la liberté de la presse, et qu'il faut opter entre les vouloir l'un et l'autre, ou ne les vouloir ni l'un ni l'autre.

Je demande maintenant si c'est une condition particulièrement attachée au gouvernement constitutionnel que le monarque y soit éventuellement obligé, dans certaines circonstances, de changer un ministère qui lui plaît, d'en appeler un autre qui lui répugne, enfin, d'organiser un système gouvernemental suivant des idées qui ne sont pas les siennes. Pour trouver des exemples de cette sorte de violence morale envers les souverains, même absolus, il n'est pas nécessaire de remonter jusqu'à la royauté féodale, opprimée par les barons. Le pouvoir royal avait déjà triomphé en France, lorsque Henri IV est contraint de sacrifier à l'opinion de la France, ce qu'il y a de plus intime et de plus sacré dans l'homme, sa religion. Que de combats, que d'efforts pour obliger Louis XIII à chasser son ministre Richelieu! Plus tard, vient la Fronde contre Mazarin. Après ce dernier jusqu'en 1789, la France semble être en ère complète de gouvernement absolu. Et cependant que d'exemples on pourrait citer de ministres enlevés à la faveur du monarque, ou placés contre son gré dans ses conseils par des cabales de cour, et des intrigues de la noblesse? Le pouvoir n'est nulle part entier, toujours maître, toujours libre dans son arbitraire. Partout il est obligé de composer avec les résistances et de tenir compte des circonstances qui le dominent. La condition des rois constitutionnels n'est pas à cet égard pire que celle des rois absolus. Seulement ceux-ci subissent des influences bien moins morales, fut-ce celles des prétoriens qui les gardent ou des grands qui peuplent leur cour.

Mais si la liberté de la presse est un des éléments du régime constitutionnel, ne pourrait-on pas la comparer à ces pièces d'une mécanique, dont le jeu mal calculé emporte et détruit tout l'ensemble? Ainsi, la liberté de la presse ne livre-t-elle pas les affaires d'un peuple à un esprit fatal d'inconsistance et de légèreté? Ne le conduit elle pas à son déclin et à sa ruine? Ne voyons-nous pas chaque jour que rien ne peut durer avec elle, même les pouvoirs incommutables? Enfin, que fait-elle, dit-on, pour le gouvernement constitutionnel, elle ne respecte pas même la forme du gouvernement qui l'a introduite.

La liberté de la presse est, sans doute, une force démocratique. Mais la mobilité même qui en résulte n'est que celle des idées du plus grand nombre, et pourquoi s'imaginer que ces idées varient du jour au jour, et qu'elles ne suivent pas l'impulsion des intérêts communs? Dans les démocraties anciennes, un orateur du haut de la tribune entraînait le peuple souvent par la surprise d'une parole éloquente et passionnée. Il n'y avait point d'intervalle entre les émotions de la harangue et le plébiscite. Si l'on suppose un peuple vif et léger par son caractère, plus artiste que politique, sensible à la beauté de la forme, aux charmes du style et à l'entraînement de l'action, on concevra que ce peuple dans ses délibérations se rende au plus beau diseur, plutôt qu'au plus utile et au plus véridique. Mais la presse n'admet pas cette surprise. Plus générale dans son effet que la parole, elle est aussi plus lente. Elle ne tombe pas vive, passionnée, au milieu d'une foule assemblée qui va délibérer et se résoudre instantanément. Elle ne provoque aucune délibération, aucune décision. Elle s'adresse aux esprits dans le calme et le silence, ne provoque que la réflexion, et attend le mouvement graduel de l'opinion publique qui se compose ou se modifie.

On dirait, à entendre certaines déclamations, qu'il suffit d'écrire dans un journal pour renverser un pouvoir. Ce qu'il y a de certain, c'est que ce pouvoir peut, par le premier venu, être censuré, critiqué, (à tort ou à raison, car j'examine ici le fait et non le droit); qu'on peut abuser contre lui de l'instrument de discussion, le diffamer, le calomnier. Témoins tous les jours de ces abus de la presse et peu habitués encore à ces nécessités de notre forme sociale, nous sommes portés à plaindre ce pauvre pouvoir et à le croire mort parce qu'il est attaqué. Mais rassurons-nous; il faut plus que cela pour le faire tomber. Les écrivains ne disposent ni des portefeuilles des ministres, ni des votes des chambres. L'opinion publique seule peut s'emparer de l'idée émise, et elle ne la fait pas triompher directement, mais par la filière légale des électeurs et des chambres, quelquefois par le concours même du gouvernement. L'opinion ne subit pas tout ce qu'on lui propose ; elle choisit. A-t-elle donc adopté toutes les violences que les partis irrités et armés de la presse ont voulu lui imposer depuis quelques années. La preuve du contraire, c'est la sagesse prudente, et je dirai même un peu tremblante et méticuleuse, que le corps électoral a montré dans ses choix pendant ces mêmes années. Bien plus, l'irritation même que la presse hostile a causée, qui redouble tous les jours et va même aujourd'hui jusqu'à suspecter le droit, à cause de l'abus, cette irritation, dis-je, montre évidemment que la presse injuste et violente a manqué son effet et qu'elle en a produit un contraire.

Si la presse ne peut pas même renverser un ministère directement et autrement que par la lente modification de l'opinion, et l'infiltration de cette puissance d'opinion dans les pouvoirs légaux, à plus forte raison de la forme du gouvernement et de l'organisation constitutionnelle des pouvoirs. C'est avoir une bien faible idée de la puissance d'un gouvernement, que de s'imaginer qu'il dépend de quelques criailleries ! Un gouvernement contient la société par tant de forces, tant de liens, tant d'intérêts qu'il résiste par sa seule masse. Je ne parle pas seulement d'un gouvernement rationnel et national, comme le nôtre. J'applique ceci à un gouvernement quelconque, même impopulaire dans sa source ou dans ses actes. Eh ! bien, je dis que son renversement est un fait des plus difficiles, et qui, s'il a lieu par une révolution intérieure, suppose un tel concours de volontés et une énergie si ardente, qu'il est absurde d'en voir la cause dans une ligue de journalistes. Et dans le fait, la presse n'a jamais figuré dans ces sortes de révolutions, comme cause directe, mais seulement comme manifestation d'autres causes plus puissantes. Chacun des gouvernements qui se sont succédés en France depuis un demi-siècle a eu son principe de ruine particulier. Le Régime constitutionnel de 1791 tombe, parce que sa défense contre l'étranger exige un chef qui ne soit pas intéressé au triomphe de ses ennemis. La Convention qui lui succède est une dictature et n'a rien à démêler avec la liberté de la presse. Le Directoire, au contraire, est en lutte perpétuelle avec elle ; mais en cela la presse marche d'accord avec les corps représentatifs et avec la majorité de la bourgeoisie. Elle ne fait qu'exprimer un fait; la réaction monarchique née des excès du gouvernement conventionnel. Le pays interrogé par le gouvernement dans les élections répondait : Monarchie. Les conseils représentatifs, fidèles à cette mission, répondaient dans le même sens aux communications du gouvernement, et la presse était conséquente à tout cela. Ah ! s'il n'y avait pas eu en France l'anomalie d'un gouvernement républicain dans sa forme et d'un pays redevenu monarchique, si la presse hostile n'avait pas eu sa racine dans la bourgeoisie influente et son appui dans les conseils, croit-on que le Directoire n'aurait pas dédaigné une trentaine de journalistes ? Aurait-il eu besoin de s'armer contre eux du coup d'état de fructidor ? Et cependant aux vices de sa position joignant ceux de ses actes, le Directoire, composé d'hommes médiocres et divisés entr'eux, subsiste par sa seule force de gouvernement du pays. S'il succombe, ce n'est pas sous les coups de la presse, c'est devant quelque chose de tout opposé, devant la violence militaire. L'autorité napoléonienne périt à son tour par la force, non la force morale dont la presse est l'organe, mais par la force étrangère. J'hésite à parler ici de la Restauration ; mais après tout, je pense que ses amis, même les plus fidèles, regretteront qu'elle n'ait pas transigé avec les idées dont la presse était l'organe. Divers essais malheureusement abandonnés ont montré que cette transaction était possible, et que dans cette voie le monarque qui avait ouvert son règne par ces mots : *Plus de censure,* aurait vécu en paix avec cette puissance du temps, ou du moins aurait été inviolable devant elle.

Très certainement, l'adhésion du pays et l'appui de l'opinion publique sont les meilleures garanties de la durée d'un pouvoir ; tout gouvernement qui ne sait pas les acquérir ou les conserver n'a qu'une existence fragile. Ce sont là des vérités banales, des lieux communs. Mais l'esprit public d'une grande nation n'est pas une cire molle, sur laquelle il soit donné au premier essayant de faire une empreinte. On conçoit qu'une minorité ardente, active, ayant à son service des hommes de talent, pourra multiplier ses journaux ; mais on a beau parler haut et souvent, le petit nombre n'est toujours que le petit nombre. Pour la grande masse, il faut des causes d'incompatibilité réelles, générales, profondes, accumulées, fermentant durant de longues années, pour éclater en un fait aussi grave qu'une révolution politique. La presse peut bien constater ces causes, quand elles existent, mais non les produire. Et le gouvernement constitutionel résiste encore plus que tous les autres, précisément parce qu'il admet et régularise les variations nécessaires de l'opinion et les changements qu'elles appellent dans la direction des affaires, dans la législation et dans l'administration.

X.

Il me reste maintenant à examiner la liberté de la presse sous le rapport de l'honneur et de la réputation des individus.

Eh bien ! je ne crains pas de porter ici le défi qu'on me cite aucune réputation qui ait été injustement détruite par les attaques de la presse. Je parle ici du résultat , non certes , des intentions ; car il est vrai qu'il n'y a aucun nom honorable qu'on n'ait voulu dégrader et souiller. Je ne parle pas non plus d'un succès momentané, mais du résultat permanent ; car il est vrai aussi qu'il n'y a pas de réputation qui n'ait été un jour ternie sous les efforts de la calomnie ; mais la calomnie s'efface devant la vérité, et celle qui a pour instrument la presse bien plus vite que celle qui a toute autre voie de propagation.

La raison en est bien facile à comprendre. Si la calomnie, par la voie de la presse, se propage avec l'éclat et la rapidité qui sont dans la nature de l'instrument, elle acquiert aussi par cette publicité un corps qui permet de l'atteindre, de la saisir et de l'écraser sous les coups de la vérité. N'est-il pas vrai que la calomnie la plus dangereuse est celle qui se glisse dans l'ombre et se colporte sous le sceau des confidences ; qu'on ne peut suivre parce qu'elle marche sans laisser de traces ; qui a déjà empoisonné une vie, tandisque la victime ne se doute pas de son atteinte ; enfin qui n'offre aux réfutations qu'un vague insaisissable ?

On lit dans quelques mémoires de l'Empire, dans ceux du duc de Rovigo, je crois, de curieux détails sur les soucis

que donnait à la police du temps, l'opposition de certains
salons de Paris, devenus des fabriques de calomnies contre
l'empereur, sa cour et ses grands dignitaires. Jamais l'hostilité de la presse libre n'a tant ému le pouvoir sous le régime constitutionel, que ces bruits de salon, sous le régime
de la censure. Et ces inquiétudes étaient trop bien fondées ! Précisément, parce qu'il n'y avait point de presse
libre, les inventions de la malveillance se répandaient sans
contre-poids, sous le voile du mystère, sous la forme de
correspondances ou de pamphlets clandestins, et d'étage
en étage, des hauts salons à ceux de la bourgeoisie, de
la capitale aux départements, tout cela pénétrait jusqu'aux masses populaires. Que les personnes qui ont vécu
sous l'ère impériale rappellent leurs souvenirs ! Que de
calomnies sur le gouvernement et sur le caractère person-
nel de l'empereur ont trouvé créance, même auprès de
la foule de bonne foi et surtout dans cette classe moyenne
qui les recevait de seconde main ! que de choses ne con-
sidérait-on pas comme vraies, qui depuis ont été recon-
nues fausses, grace à la liberté des discussions et des
témoignages ! Mais, dans ce temps là, les témoignages
favorables n'étaient pas accueillis parce qu'il n'était pas
permis de porter, autrement que sous le manteau, des témoignages contraires. On ajoutait foi au mal propagé se-
crétement, parce que l'apologie publique et privilégiée
était toujours suspecte de flatterie et souvent de mensonge.
Les victoires mêmes de nos armées n'étaient établies que
par des bulletins dont la véracité était un mystère d'état;
leur autorité était balancée par mille rapports controuvés.
Lorsque la malveillance, anticipant sur nos désastres, en-
terrait nos armées dans leurs lointaines conquêtes, au moment même où elles ajoutaient de brillants fleurons à leur

couronne de gloire, il n'y avait aucun moyen de prouver
à l'opinion inquiète que le bulletin de la victoire n'était
pas une impudente imposture, le *Te Deum* une indigne
jonglerie. Et dans les régions même où se forgeaient les
armes de la calomnie, on finissait par ajouter foi aux inventions de la haine. De tout cela se formait une sorte
d'opinion mal éclairée, mais sincère; qu'on lise le célèbre
pamphlet de Chateaubriand : *De Bonaparte et des Bour-
bons.* Est-ce que notre grand écrivain eût prêté sa plume
à cet acte d'accusation si éloquemment faux et son nom à
cette publication qu'il désavoue, sans doute, aujourd'hui,
s'il n'eût pas été de bonne foi l'écho de cette conspiration
morale contre la personne de Napoléon, qui prépara si
bien la conspiration de l'étranger contre sa couronne ?

Quelle conséquence à tirer de ces faits? C'est que si la
puissance et le génie réveillent toujours des haines, jamais
l'instrument ne peut leur manquer pour s'exprimer et se
propager ; c'est que lorsqu'elles n'ont pas la presse libre,
elles ont les conversations des salons, les correspondances et les pamphlets clandestins, moyens plus dangereux
que ceux qui pourraient être empruntés à la publicité légale. Il est incontestable que jamais la liberté des journaux n'eût fait autant de mal à l'empire que les calomnies
secrètes, habilement propagées contre l'empereur. Il y a
des faits qu'on n'oserait pas même alléguer sous un régime
de publicité, et l'étouffement de la censure rend au contraire tout croyable, jusqu'aux absurdes mensonges im-
portés de Londres d'après les Goldsmith.

Les hommes du pouvoir se piquent philosophiquement
d'une grande indifférence pour la popularité et d'un su-
perbe dédain pour les attaques des journaux. Ils ont raison, s'il ne s'agit pas d'un mépris systématique de l'opinion

publique, mais seulement du sentiment de sa propre dignité et de la conscience d'un droit à maintenir, d'une bonne direction à poursuivre, malgré les erreurs ou les passions momentanées d'un public trompé. Dans cette position, les hommes d'état attendent le retour infaillible d'une estime qui leur est due et qui ne saurait leur manquer. Mais s'irriter misérablement, comme on ne le voit que trop, contre des attaques qu'on doit respecter, si elles sont consciencieuses, qu'on doit examiner même si elles sont passionnées, c'est un tribut payé à la faiblesse humaine. C'est une folie, puisque la presse, après tout, n'est pas l'instrument le plus dangereux dans cette guerre aux personnes. Quoi! donc, vous en prenez-vous à la presse parce que ses coups visibles pour tous, le sont même pour vous, et vous donnent la facilité de vous défendre auprès de ce même public, qui jugera en connaissance de cause et dispensera, comme c'est son droit, le blâme ou l'éloge? Aimeriez-vous des coups secrets que vous ne pourriez parer et qui vous tueraient moralement, sans troubler votre sommeil?

Ne rendons pas la presse responsable de ce qui n'est que l'effet de l'imperfection humaine. Elle n'existerait pas que les petits n'en seraient pas moins jaloux des grands, les sots des gens d'esprit, les faibles des puissants. De tout temps, sous tous les régimes, les supériorités ont éveillé la haine des inférieurs. On porte un regard curieux sur les faiblesses qui peuvent les abaisser au niveau commun. On écoute avidemment et l'on répète le mal qui se dit d'eux. Ce qui est particulier au régime de liberté, c'est qu'il érige cette censure en droit de tous les citoyens à l'égard des actes et du caractère public des dépositaires de l'autorité, mais l'instrument est pour eux comme contre eux. Il sert

à la défense comme à l'attaque. C'est la condition que
tous les dépositaires du pouvoir, depuis le premier jusqu'au dernier, ont dû accepter. Si elle ne leur convenait
pas, que ne restaient-ils dans l'inviolabilité de la vie privée? Et voyons-nous dans la réalité, que cette nécessité
éloigne beaucoup de gens des emplois? Sont-ils refusés par
les hommes probes et capables? Ont-ils cessé d'être le
point de mire d'une foule d'ambitions? Quoi! donc, en se
soumettant à la vie publique, il faudrait se résigner à voir
une presse envieuse et jalouse travestir vos intentions,
mentir sur vos actes, dénigrer ce que vous faites de bien,
exagérer ce qui peut vous échapper de mal! L'effet im-
manquable de ces attaques serait de souiller toute gloire,
de perdre toute réputation! Et cependant des hommes
honorables, non seulement acceptent, mais briguent tous
les jours le pouvoir à ce prix!

Mais il y a une explication à donner de ceci; c'est qu'en
vérité chacun sent qu'une vie irréprochable, la loyauté
du caractère, le véritable zèle pour le service public,
la réalité du talent sont toujours au dessus d'un dénigrement systématique. On compte, en définitif, sur la
justice de l'opinion et l'on a raison. Je dis encore une fois
que je ne sais point de réputation qui ait été injustement
tuée par la presse libre. Et qu'est-ce donc que l'estime, la
réputation, la gloire, si ce n'est le jugement du public?
Et qu'est-ce qu'un jugement sans la liberté de connaître, de
discuter, de choisir? Vous qui aspirez à ces brillantes cou-
ronnes que les masses décernent à ceux qui les servent par
leurs talents et leurs vertus, sachez donc à quel prix elles
peuvent être acquises! Il faut que le public ait pu choisir
entre vos détracteurs et vos apologistes, et qu'il ait pesé
l'éloge et le blâme. C'est la condition d'un suffrage sincère.

XI.

J'ai prouvé que la liberté de la presse n'était, en effet,
fatale

1º Ni à la propagation et à la défense de la vérité religieuse ;

2º Ni au perfectionnement de la morale ;

3º Ni aux principes fondamentaux des sociétés humaines ;

4º Ni au maintien et à la défense de l'autorité civile et
des gouvernements ;

5º Ni à l'honneur et à la réputation des particuliers.

XII.

Dans ce que j'ai dit pour établir les propositions ci-
dessus résumées, j'ai fait abstraction de la répression des
délits dont la presse peut être l'instrument. C'est qu'en
effet je reconnais que la répression est une trop faible réparation du mal commis, et un trop faible obstacle au
mal possible. La loi punit l'atteinte à la morale religieuse,
aux principes sociaux, aux lois et à l'autorité civile, à la
réputation et à l'honneur des particuliers ; et cependant
un livre, une feuille peuvent être dangereux sous chacun
de ces rapports sans encourir la vindicte légale. Tout le
monde sait qu'il ne faut, pour cela, qu'un peu d'art et de
prudence chez un écrivain. Mais c'est qu'aussi, en réalité,
la meilleure réparation des effets de la mauvaise presse,
c'est la bonne ; c'est la vérité mise en face du mensonge,

l'injustice démontrée et signalée à la conscience publique, la calomnie convaincue et confondue.

Cependant les consciences timorées s'effraient de l'amnistie accordée par la société à tant d'erreurs funestes. Il leur semble que la société admet pour vrai tout ce quelle ne punit pas. De là vient à leurs yeux le débordement, la confusion d'opinions contradictoires auxquelles la société leur paraît livrée. Plus rien de fixe, de stable, de reconnu. Plus de règle générale pour les esprits; plus de doctrines immuables planant au-dessus de la société pour en maintenir les liens. A leur place, un pyronisme absolu dans l'ordre intellectuel; dans l'ordre extérieur, des faits sans relation aux principes et transitoires comme les nécessités qui les enfantent. Pour les individus enfin, un égoïsme sans contrepoids, l'absence du dévouement et du sacrifice, et l'application exclusive à la recherche des jouissances matérielles.

Mais tout cela est fondé sur cette supposition que la société admet comme vraie ou du moins comme probable, toute opinion qui se produit dans son sein, par cela seul qu'elle ne la punit pas, c'est-à-dire, qu'elle lui donne droit de bourgeoisie et l'installe dans son Panthéon, ainsi que faisait Rome des Dieux des nations conquises. Eh! bien, il n'est rien de tout cela. La société agit comme les juges qui savent donner raison à qui de droit, sans cependant supprimer le plaidoyer de la partie succombante, parce qu'après tout, le plaidoyer était dans les prérogatives de la défense. De même, la société respecte, tout en rejettant les idées fausses, la liberté de ceux qui les ont émises; elle ne supprime et punit le plaidoyer, que lorsqu'il a excédé certaines bornes, et alors ce n'est pas comme faux, mais comme violant les droits généraux ou ceux des particutiers. Ce qui est faux, c'est la conscience publique qui le discerne. Ce qui est coupable, c'est la société elle-même, représentée par le jury qui le déclare et le signale. En effet, l'écrivain s'adressant à la société, c'est la société elle-même qu'il prend pour arbitre. Son droit était d'agir sur elle par la communication de sa pensée; il a excédé ce droit lorsqu'il a fait violence à la pensée publique, qu'il a heurté, blessé, insulté cette pensée, soit dans les doctrines admises, soit dans les lois qui en sont résultées, soit dans les pouvoirs établis pour la réaliser extérieurement. Le jury ne déclare pas le faux ou le vrai, sa mission est autre. Il déclare l'abus qui a été fait d'un droit, la violation de la liberté d'autrui, sous prétexte de l'exercice de la liberté individuelle.

XIII.

Je veux parler maintenant du journal proprement dit; car jusqu'ici mes raisonnements ont été applicables également à la grande presse et à la presse périodique. Le journal est quelque chose d'intermédiaire entre la conversation et la grande presse. Il tient à la première par sa spontanéité et sa durée fugitive. Il a de plus la rapidité et l'ubiquité. C'est une conversation par écrit avec le public, qui dure tout un jour et a tout un pays pour auditeur. Sa matière est tout ce qu'il y a d'actif et d'actuel dans la société, et par-dessus tout, les luttes de la politique et l'action de l'opinion publique quant aux pouvoirs. S'occupant ainsi de ce qui passionne le plus les esprits, il n'est pas étonnant qu'il en emprunte un caractère de vivacité, approprié d'ailleurs à sa forme. Ainsi le journal entre naturellement dans ce qu'il y a de plus ardent dans les partis ; il en exprime les pensées, les espérances, même les préjugés et les passions. Avec eux il aura ses haines et ses faveurs éphémères. Il verra et appréciera les faits, à travers ce voile et rendra au public les impressions qu'il en reçoit. Le journal ne peut être autrement ; exiger qu'il soit toujours calme, froid, exact dans les faits, juste dans les appréciations, équitable envers les personnes, sans exception, c'est vouloir l'impossible ; le journal n'en a ni les moyens ni le loisir.

Est-ce donc la censure du journalisme que je veux faire ici ? Non, je veux seulement constater ce qu'il faut pardonner au journaliste, comme inconvénients nécessaires de sa position. Mais si du reste, élevé au-dessus du commun de son parti, par son caractère et ses lumières, il ne se sert de son talent que pour guider les siens dans les voies de la modération, pour apaiser les passions désordonnées, pour proclamer sans crainte et sans intérêt ce qu'il croit consciencieusement être le juste et le vrai, si, entraîné quelque fois par des préventions, et ayant donné créance à des faits qu'il ne peut vérifier dans son travail rapide, ou à des accusations mal fondées, il est prêt à reconnaître son erreur aussitôt qu'elle lui est démontrée, alors je dis qu'il accomplit une œuvre bonne et utile, qu'il a droit à la considération générale et qu'il est injuste de lui reprocher quelques inexactitudes, quelques appréciations fausses inspirées par les préjugés de l'opinion qu'il professe. Mais le portrait que je viens de tracer n'est point un pur idéal, il a des modèles nombreux. Il est beaucoup plus près de la vérité que cet autre type qu'on lui a opposé du journaliste sans foi et sans conscience, passant d'un camp dans un autre pour un vil intérêt, comme un manœuvre littéraire, entreprenant à tant la colonne le dénigrement et la diffamation au profit de passions qu'il ne partage pas. Eh! bien, je dis que lorsqu'il s'agit de juger du mérite d'une profession, il est absurde de le faire en prenant pour type les hommes qui la déshonorent. — Autrement les professions les plus hautes par leur objet et qui exigent les hommes les plus purs, seraient les plus dégradées, précisément parce qu'il s'y rencontre quelques hommes indignes.

XIV.

Vous n'avez pas, mon cher collègue, partagé ces injustes accusations, et, en général, je répète que tout ce discours est bien plutôt à propos du vôtre que contre le vôtre. Mais il vous a semblé que le journalisme est dans une dépendance étroite de son public, que sa liberté est étouffée par le besoin de lui plaire et par les nécessités financières d'un établissement plus commercial que littéraire. En second lieu, vous vous plaignez du monopole des journalistes, réseau qui étend ses chaînes sur toute la France, et qui fait fléchir le genou à trop d'hommes supérieurs. Dans un siècle de liberté comme le nôtre, vous trouvez étrange de ne pouvoir se rédiger un symbole en dehors de la dictée de toute coterie, mais d'être tenu de recevoir ses opinions toutes faites et de courber la tête sous le joug de ceux qui, au nom de la liberté d'examen la plus illimitée, ont organisé contre les gens sans défiance le plus intolérable despotisme.

D'abord je ne nie pas qu'il ne s'établisse une action et une réaction nécessaires du journal qui s'adresse au public et du public qui inspire le journal. Quel est donc l'écrivain, quel est donc l'artiste, qui ne travaillent pas en vue du public qui, en définitif, sera leur juge ? L'autorité du journal vient même de ce qu'il exprime une pensée non individuelle, mais commune à un certain nombre de per-sonnes s'unissant aux vues du journaliste, à l'effet de devenir majorité par la propagation de cette pensée. Cet état n'est pas une dépendance du journalisme, mais une association ; c'est la direction d'un effort commun. Si à cette solidarité était substituée une action individuelle, un journal n'aurait plus ni signification ni valeur. Qu'homme de cœur et de talent, le journaliste modifie ou transforme son propre parti, en le guidant, il ne se met pas pour cela hors de lui.

Les nécessités financières sont bien moins influentes que vous ne le pensez, sur l'esprit des journaux, qui, à bien peu d'exceptions près, sont des associations politiques, désintéressées au moins sous le rapport de l'argent, et non des spéculations commerciales. Dans celle-ci, il faut dis-tinguer la propriété qui ne rédige pas et la rédaction qui n'est pas propriétaire ; bien rarement ces deux qualités sont confondues dans les mêmes personnes. Il serait plus vrai de reprocher au journalisme un autre assujétissement, celui de la coterie et du patronage. Mais ai-je jamais pré-tendu que les écrivains ne portaient pas, dans l'usage de la presse, et leurs passions et leurs intérêts? Non, mais que ces passions et ces intérêts ne vont pas du public aux écri-vains, que ce sont plutôt les écrivains qui s'efforcent de les imposer au public.

Et puis il n'est pas équitable de faire un crime à la presse périodique de certaines nécessités que la fiscalité a créées pour elle. Certes, il vaudrait mieux que le journaliste ne fut pas obligé de se faire entrepreneur d'annonces ! Qui

né regrette au profit de la critique littéraire et artistique
les colonnes que la réclame envahit ? Mais ce sont là des
inconvénients que le journalisme subit et dont il n'est pas
l'auteur.

Je demanderai maintenant ce que c'est que ce monopole
des opinions, ce despotisme spirituel qu'on impute à la
presse périodique. Certes, toute opinion est exclusive;
elle cherche à triompher, à dominer, et, dans le domaine
des intelligences, c'est son droit. Mais il n'y a pas monopole, quand le même instrument est au service de tous. Il
n'y a pas despotisme, quand les intelligences restent dans
leur complète liberté, et lorsque la presse ne réclame d'autre puissance que l'assentiment de ces intelligences. Chacun
peut se faire un symbole, chacun peut raisonner sa croyance
politique en dehors de la dictée des coteries. Chacun peut
aussi prêcher son symbole et propager sa croyance par
tous les moyens, par la parole et par la presse. Ainsi, parmi tous les symboles si variés que le journalisme exprime, n'en est-il point qui vous convienne ; traitez-les
comme des hôtes importuns, fermez leur les portes de votre esprit. Ce sera un asile inviolable. Cette indépendance
individuelle ne vous suffit-elle pas, élevez drapeau contre
drapeau ; combattez à leur exemple dans la lice intellec-
tuelle ; vous y jouirez des mêmes droits et vous vous y ser-
virez des mêmes armes.

XV.

Et après tout cela, mon cher collègue, je ne viens nul-
lement combattre votre conclusion. Vous désirez que l'enseignement du droit public, aujourd'hui limité à l'école de

Paris, soit étendu, et que par là le pouvoir enlève à la presse périodique le monopole de l'enseignement politique; que du moins il oppose à la critique et à l'examen quotidien de ses actes et de ses déterminations, l'exposition sérieuse et raisonnée de ses principes constitutifs, des fondements sur lesquels il repose, des conditions réelles et des nécessités de la société qu'il représente. Il ne peut y avoir qu'un grand avantage à tout cela, quoique un enseignement scientifique et théorique donné dans l'intérieur des écoles et limité à quelques milliers, tout au plus, d'auditeurs, ne paraisse guère capable de lutter activement contre la presse périodique. Toutefois celle-ci ne peut avoir et n'a pas la prétention de suppléer à un enseignement scientifique, pas plus que les corps d'avocats plaidant devant les tribunaux ne prétendraient rendre inutile l'enseignement du droit civil. Autre est la théorie pure; autre est la pratique.

Si l'enseignement du droit public était organisé fortement, d'une manière indépendante, il en naîtrait un corps de doctrines qui domineraient par la force de la vérité et la valeur morale de la science. Il serait le séminaire des écrivains périodiques, comme la presse périodique est elle-même une occupation digne des jeunes hommes qui aspirent à une carrière active dans l'ordre politique. C'est de cette façon que la science influerait sur le journalisme et parviendrait, peut-être, à le modifier, tandis que la diffusion des vraies théories parmi la jeunesse instruite, enlèverait au journalisme ignorant ou passionné, le crédit dont il jouit encore, quoique je ne concède pas que ce crédit s'élève jusqu'à séduire la raison publique. Cet enseignement serait avantageux précisément en ce qu'il n'aurait qu'une puissance morale, car si au lieu de théories vraies et de l'exposition sincère et libérale du régime de la charte constitutionnelle, on nous imposait, dans les écoles, un professorat étroit, mesquin, servile, il est certain que son résultat serait nul, et que loin de balancer ou de modifier la presse périodique, il lui fournirait la matière de nouveaux triomphes et des moyens d'une influence plus étendue.

Ainsi constitué, l'enseignement pourrait très certainement servir au pouvoir à l'exposition des principes d'après lesquels il veut se déterminer et agir. Je ne dis pas à la discussion quotidienne de ses actes; cela ne conviendrait pas à l'élévation de la science pure, et le pouvoir a pour cet objet les mêmes armes que l'opposition. Mais ce serait quelque chose de mieux que la presse ministérielle. Celle-ci, en effet, est passionnée, violente, personnelle autant que les adversaires qu'elle combat. Mais elle a un autre inconvénient, c'est qu'elle est variable et mobile comme les cabinets qu'elle défend, comme les nuances imperceptibles que ces ministères représentent au pouvoir. Il en résulte que les droits réels et permanents de l'autorité manquent réellement de défenseurs, ou plutôt que l'autorité est attaquée par tout le monde, par la presse opposante dans la personne des ministres du jour, par la presse ministérielle dans la personne des ministres de la veille. Un enseignement théorique suppléerait en partie à ce défaut, puisque destiné à mettre en évidence les principes stables, il ne pourrait s'embarrasser dans ces luttes de personnes, dans ces subdivisions de coteries, plutôt que de partis, qui existent dans le parlement et dans la presse.

Croyez-vous, que nous, défenseurs consciencieux de la presse, nous ne gémissions pas aussi lorsque cet instrument est mis en usage par l'ignorance, les faux systèmes, l'esprit de violence et d'hostilité ? Nous regrettons cet indigne usage, mais nous ne croyons pas que la religion, la société, les lois, l'autorité soient perdues, parceque leurs princi- pes éternels ou essentiels sont mis en contact avec quel- ques erreurs partielles et éphémères ; nous croyons que le vrai doit toujours triompher, grâces à la liberté qui est un élément acquis à l'état de nos formes sociales, l'ins- trument nécessaire de tout perfectionnement futur. Il n'y a que les esprits superficiels ou faussés par l'irritation qui puissent en haine de l'abus provoquer le pouvoir à une réaction fatale. Vous, mon cher collègue, vous avez, je le crois, partagé certaines préventions exagérées, mais pour guérir un mal qui n'est sans doute que trop cons- tant, vous êtes loin de demander qu'on mutile l'esprit hu- main ; au lieu de supprimer une puissance morale, vous voulez qu'on en crée une autre, afin qu'élevée en face de la presse, elle la modifie ou la combatte, par les mêmes voies sur lesquelles celle-ci fonde son action, c'est-à-dire, par la conviction portée au sein des intelligences. Ce n'est pas renverser la liberté, c'est lui donner de nouvelles armes, et de nouvelles conditions de développement. Sur ce terrain-là, permettez-moi de vous applaudir. Oui, que la science élève au-dessus de tous les esprits son empire libre et pacifique. Que devant elle les erreurs se dissipent et que les accents des passions perdent leur em- pire, que l'autorité protectrice y trouve des moyens de stabilité et cette adhésion des esprits qui est sa condition de force et de durée ; enfin que le gouvernement cons- titutionnel, que je ne présente pas comme le dernier terme du progrès social, mais qui résume le progrès acquis, et qui est incontestablement la meilleure des formes prati- quées et même réclamées jusqu'à ce jour, que le gouver- nement constitutionnel, dis-je, dont médisent surtout ceux qui ne le connaissent pas, désormais compris, accepté, exécuté, réalise la devise inscrite sur les drapeaux de ses défenseurs : *Liberté, Ordre public.*

LYON, IMPRIMERIE DE L. BOITEL, QUAI SAINT-ANTOINE, 36.

www.ingramcontent.com/pod-product-compliance
Lightning Source LLC
Chambersburg PA
CBHW050551210326
41520CB00012B/2806